Un mundo mejor, nuestra serie de historias inspiradoras
para aprender a cambiar y mejorar el mundo,
pretende aproximar a los niños a toda una serie de héroes cotidianos.

Son protagonistas que tuvieron una idea genial
para mejorar las condiciones de vida de las personas o del medioambiente
y han demostrado el talento y la capacidad para poner esas ideas en práctica
de manera productiva.

Algunos de los títulos de esta serie han sido concebidos
en colaboración con la **Fundación Ashoka,**
una de las principales asociaciones internacionales
que apoya el emprendimiento social y descubre a sus principales protagonistas.

Nuestro especial agradecimiento a la **Fundación Vicente Ferrer**
por su inestimable colaboración al supervisar el contenido de este libro.

Guía de lectura

Citas del protagonista

Información más detallada

Textos
Álvaro Marcos

Ilustraciones
Àfrica Fanlo

Dirección de la colección
Eva Moll de Alba

Diseño
Sònia Estévez

Maquetación
Sara Latorre

Adaptación Lectura Fácil
Ana Crespo

© Vegueta Ediciones
Roger de Llúria, 82, principal 1ª
08009 Barcelona
veguetaediciones.com

ISBN: 978-84-17137-52-6
Depósito Legal: B 28144-2019
Impreso y encuadernado en España

FSC
www.fsc.org
MIXTO
Papel procedente de
fuentes responsables
FSC® C106329

ÁLVARO MARCOS

ÀFRICA FANLO

UN SOL EN LA INDIA
VICENTE FERRER

Esta es la historia de alguien
que, con su determinación
y esfuerzo, ha conseguido algo
tan valioso como mejorar
la vida de los demás
y poner su grano de arena
para construir un mundo mejor.

Vegueta 🏠 **Infantil**

హాలో! ¿Cómo estás?
Me llamo Janani. Soy una niña de 10 años.
Vivo en Anantapur, una ciudad del sudeste de la India.
La India es un país muy grande situado
en el continente de Asia. Si no has ido nunca,
¡te recomiendo que lo visites!

Este garabato tan bonito que hay aquí arriba
significa «hola» en telugu, la lengua de mi región.
Aprendí a leer y a escribir en telugu en la escuela.
A veces, la escuela nos parece aburrida,
pero mis amigos y yo nos sentimos
muy afortunados de poder ir.

Hace unos años, los niños no iban a la escuela.
¡Y menos aún las niñas! Pero un hombre aventurero,
bondadoso y decidido consiguió que eso cambiara.
Se llamaba Vicente Ferrer.

Vicente había hecho muchas cosas en su vida:
había luchado en una guerra, estudiado Derecho
y se había hecho cura. Un día, sin embargo,
tomó la decisión de ayudar a la gente de mi región.
Quería que nos formáramos, que aprendiéramos
y nos organizáramos para poder salir de la pobreza.

Gracias a su energía y al proyecto que puso en marcha,
miles de personas como yo conseguimos salir adelante.
Esta es la historia de Vicente Ferrer
y del admirable proyecto que impulsó.

«Es posible cambiar el mundo.
Soy testigo directo».

Vicente Ferrer

La India

Es un país situado al sur del
continente de Asia. Tiene
más de 1.300 millones de
habitantes y es el país más
poblado del mundo después
de China. Aunque tiene una
economía desarrollada, buena
parte de su población sufre
pobreza, analfabetismo y
malnutrición.

Las lenguas de la India

En la India se hablan 1.652
lenguas. El hindi y el inglés
son las lenguas oficiales.
Hay 22 lenguas cooficiales
repartidas entre varios
Estados. El telugu es una de
ellas.

Vicente nació en Barcelona en 1920.
Sus padres tenían una frutería.
De joven, el padre de Vicente había estado en América
y de mayor le entraron ganas de volver.

«Venga, ¡que nos vamos a Cuba!», anunció un día.

La familia subió a un barco
para ir a esta isla del mar Caribe.
El pequeño Vicente sólo tenía 6 meses.

Por desgracia, 4 años después de haber llegado a Cuba,
su padre enfermó y la familia regresó a casa,
a Gandía, un pueblo valenciano.
Allí abrieron un hostal.

Pero parece que la suerte no los acompañó,
porque un incendio arrasó el hostal.
¡Ya ves qué infancia más agitada!

«Hay que entrenar la mente
y el espíritu para saber vivir
en paz en medio de las
tormentas del mundo».

Vicente Ferrer

Cuba

La isla de Cuba es un país
situado en el mar Caribe,
en el centro del continente
americano. Tiene más de
11 millones de habitantes.
Perteneció a España hasta
1898. Durante la primera
mitad del siglo XX se hicieron
esfuerzos para establecer un
sistema democrático. Pero,
en 1952, un golpe de Estado
dio lugar a una dictadura
militar. En 1959, el movimiento
revolucionario de Fidel
Castro instauró un gobierno
comunista que todavía se
mantiene.

Después del incendio del hostal,
la familia Ferrer volvió a Barcelona.
Vicente se había hecho mayor y era un chico decidido.
Pronto se convirtió en el líder de los niños del barrio.
Además, le gustaba mucho la lectura
y leía todo lo que tenía al alcance, libros y periódicos.

Como la familia vivía cerca de la catedral,
Vicente se apuntó al coro.
Y allí, debajo de las altas bóvedas del templo,
absorto en la música y rodeado por el olor a incienso,
experimentó por primera vez un sentimiento nuevo.
Un sentimiento noble, generoso y desinteresado
que lo empujaba a ser mejor persona.

«Vicente, ¡tienes que estar más atento,
que has vuelto a desafinar!»,
se quejaba el director del coro.

Durante aquellos años, Vicente empezó a fijarse
en la gente de la calle. Había muchas personas
que sufrían, que no tenían casa ni comida.
Y así, poco a poco, Vicente descubrió
qué era la pobreza.

«Esto no es justo —solía decir—.
¿Cómo podríamos arreglarlo?».

«Los libros son útiles porque inspiran y ayudan a los hombres a entender y a descifrar su propio corazón».
Vicente Ferrer

«Nunca he olvidado el silencio de la catedral, las grandes bóvedas del templo y la sensación de paz y aislamiento que sentía mientras cantaba».
Vicente Ferrer

La catedral de Barcelona

Se construyó entre los siglos XII y XV sobre una antigua catedral románica. Es un Bien de Interés Cultural y se considera Monumento Histórico y Artístico Nacional. Esto significa que es un edificio especial y que hay que cuidarlo y protegerlo. La catedral está dedicada a la Santa Cruz y a Santa Eulalia, patrona de la ciudad.

La vida de Vicente dio un giro
cuando estalló la Guerra Civil.
El joven tuvo que incorporarse
al ejército republicano con sólo 16 años.
Los soldados de su generación eran tan jóvenes
que los llamaron la «quinta del biberón».

En el frente, Vicente comprendió
que la crueldad de la guerra
afectaba a todas las personas.
Un día, mientras comía con unos compañeros,
llegó un oficial.

«¡Levantaos! —gritó—. ¡Venid conmigo!».

El oficial los llevó ante dos soldados enemigos
que estaban atados a unos postes
y les pidió que los ejecutaran.

«¡Apuntad!», gritó el oficial.

A Vicente le temblaban las manos.
Apuntó hacia el horizonte
y no disparó cuando escuchó la palabra «¡fuego!».
De hecho, nunca disparó durante la guerra.
Había decidido que no mataría a nadie.

«Una noche, en el frente
del Ebro, vi que mi vida era
una gran oscuridad con una
pequeña luz al fondo. Debía
tomar una decisión: ¿quería
quedarme en la oscuridad o
avanzar hacia la luz?».

Vicente Ferrer

La Guerra Civil

La Guerra Civil española
estalló en julio de 1936,
cuando una parte del
ejército impulsó un golpe de
Estado contra el gobierno
democrático de la República.
La guerra duró tres años y
fue una experiencia terrible.
Al final, el gobierno de la
República fue derrotado y
el general Franco instauró
una dictadura. La dictadura
acabó en 1975 con la muerte
del general.

Al final de la guerra,
llevaron a Vicente y a otros soldados republicanos
a un campo de prisioneros, en Galicia.
Pero Vicente no se desanimó.
A pesar de que había perdido la guerra,
aún conservaba sus ideales
y estaba decidido a encontrar la manera
de ayudar a los demás.

Más tarde, cuando lo liberaron,
Vicente empezó la carrera de Derecho.
Pero al oír hablar de la orden de los jesuitas
y de su fundador, San Ignacio de Loyola,
dejó los estudios.

«¡Por fin he encontrado lo que buscaba!», exclamó.

Con 24 años ingresó en esta orden religiosa.

Durante un tiempo, Vicente se aisló
en un monasterio aragonés situado
a los pies del macizo del Moncayo.
Allí se dedicó a rezar y a estudiar
latín, griego, filosofía y teología.

«Después de haber escuchado tantos disparos,
¡cuánta paz se respira aquí!», solía decir.

«Decidí ingresar en la orden de los jesuitas porque admiraba a San Ignacio de Loyola. Era un hombre práctico y decidido que se planteaba qué hacíamos en la vida».

Vicente Ferrer

San Ignacio de Loyola
(País Vasco, 1491 –
Roma, 1556)

Fue militar y religioso, y en 1534 fundó la orden de los jesuitas, también conocida como Compañía de Jesús. Esta orden religiosa reconoce la autoridad del Papa, tiene vocación misionera y exige una buena formación intelectual.

Como Vicente era muy inquieto,
un día se presentó voluntario
para viajar con otros jesuitas ¡a la India!

Vicente sabía que la India era un país enorme y lejano,
con una historia y una cultura muy antiguas.
Pero también sabía que allí vivían millones de personas
en situación de pobreza extrema.

Después de un largo viaje en barco,
Vicente y sus compañeros desembarcaron en Bombay.
Fue en 1952 y Vicente tenía 32 años.

«¡Pues ya hemos llegado!», exclamó.

Bombay lo dejó fascinado.
La ciudad era una inmensa mezcla de ruidos,
colores brillantes, olores intensos y gente de todo tipo.
¡Qué poco se imaginaba Vicente que establecería
una relación tan estrecha con aquel país!

«Yo no elegí la India. La India
me eligió a mí».
Vicente Ferrer

Bombay

Es la ciudad más poblada
de la India y la cuarta más
poblada del mundo. Allí
viven más de 21 millones de
personas. Tiene un puerto
natural muy importante y es
la ciudad más rica del país.

Durante los siguientes años,
Vicente llevó una vida muy humilde
y colaboró en diferentes misiones.
Aprendió la lengua de aquella zona del país
y también a trabajar la madera.
Y se dio cuenta de las necesidades
de buena parte de la población,
en especial, de las mujeres y de los niños.

También descubrió que las personas de la India
se distribuían en categorías muy rígidas: las castas.
La casta inferior, denominada casta de los intocables,
estaba formada por la gente más pobre.
Personas que vivían en la miseria,
que sufrían los abusos del resto de las castas
y que nunca se quejaban.

«¿Cómo podría ayudar a esta gente?»,
se preguntaba Vicente.

Pero aún no había encontrado la respuesta.

«Las mujeres de la India son
las más vulnerables, pero
también las más fuertes».

Vicente Ferrer

Las castas

Es el sistema de clases
sociales de la India, un
sistema muy rígido. Hay
4 castas principales, con
privilegios y costumbres
diferentes. Las castas
superiores desprecian a
las castas inferiores y no
se mezclan con ellas. La
casta más baja es la de
los intocables. No se les
considera personas y sufren
un trato humillante.

Después de mucho esfuerzo y estudio,
Vicente fue ordenado sacerdote.
Tenía 36 años.

Entonces pasó una temporada con los katkanis,
un pueblo aborigen que vivía en la montaña.
Vicente aprendió a cazar con arco
en una jungla salvaje llena de tigres y serpientes.
Los aborígenes no podían creerlo.

«¡Pero qué bien lo hace!», exclamaban sorprendidos.

Un tiempo después, Vicente decidió aislarse del mundo.
Se fue a un refugio, en la cima de una montaña,
y se dedicó a rezar y a meditar durante meses.
Allí, mientras reflexionaba, llegó a una conclusión.

«Esto de rezar y meditar está muy bien —se dijo—.
Pero me necesitan los enfermos y los pobres, no Dios.
¡Tengo que hacer algo!».

«La acción es una oración sin palabras. Las buenas acciones contienen todas las filosofías, todas las ideologías, todas las religiones».

Vicente Ferrer

Ejercicios espirituales

Son oraciones, meditaciones y ejercicios mentales ideados por San Ignacio de Loyola. Los jesuitas los practican durante largos periodos para reforzar su fe.

Vicente comprendió que la vida sólo tendría sentido
si luchaba contra las injusticias del mundo.
Bautizó a esta actitud activa y comprometida
con el nombre de «rebelión humana».
¡Y pronto surgió la oportunidad de ponerla en práctica!

Los jesuitas enviaron a Vicente
a una zona muy pobre de la India.
Hacía mucho calor y había polvo por todas partes.
La misión que habían establecido allí
estaba medio abandonada y el misionero
que lo recibió vestía harapos
y parecía cansado.

—Ferrer, ya te puedes ir —le dijo—. No hay nada
que hacer. En este pueblo no nos quieren.

—¡De ningún modo! —exclamó Vicente.

Y dejó la bolsa en el suelo.

El misionero tenía razón.
La gente del pueblo no le dio la bienvenida.

—¡Váyase, cura! —le dijeron cuando lo vieron—.
¿No sabe que nosotros somos budistas?

—¡Ningún problema! —dijo él—.
¡Yo también practico budismo!

El sentido del humor de Vicente sorprendió
a aquella gente y dejaron que se quedara.

«En un determinado momento de la vida me di cuenta de que Dios no es lo más importante. Lo más importante es el hombre, el hombre que no tiene para comer».

Vicente Ferrer

El budismo

Es un pensamiento filosófico y espiritual que nació en la India en el siglo IV antes de Cristo. El objetivo del budismo es alcanzar la sabiduría a través del desinterés por las cosas materiales. Cuenta con más de 500 millones de adeptos y es la cuarta religión más seguida del mundo.

¡Vicente no tardó en dejarlos boquiabiertos!
Sin perder ni un segundo,
ayudó a construir un hospital y una escuela.

Más tarde, cargó un carro con semillas
y pasó por todos los pueblos de la región.
A cambio de trigo y aceite,
la gente accedía a cavar pozos
para combatir la desertificación de los campos.
Vicente les daba bombas de agua para los pozos,
consejos para cultivar la tierra
y pequeños préstamos sin intereses.

Pronto se unieron a esta tarea el jesuita Ángel Montalvo
y un gran número de voluntarios.

¡Y en menos de tres años consiguieron
dar de comer e impartir clases a 1.500 estudiantes
y acoger a 800 huérfanos!

La desertificación

Es el proceso que hace que la tierra deje de ser fértil, es decir, que no se pueda cultivar nada. El mal uso de la tierra por parte del hombre suele ser la causa. La desertificación afecta a una cuarta parte del territorio de la India.

El hecho de ofrecer educación, atención médica y recursos
a las personas desfavorecidas supuso una revolución.

Los colectivos más vulnerables,
sobre todo las mujeres y las personas con discapacidades,
empezaron a organizarse para reclamar sus derechos.
La revolución silenciosa, la llamaron algunos.

A pesar de que el proyecto de Vicente era un éxito,
no todo el mundo estaba de acuerdo.
Los jesuitas querían que se centrara más en la religión.
A los prestamistas no les gustaba que Vicente dejara dinero
sin pedir nada a cambio.
Y los políticos veían su poder amenazado
porque los intocables exigían un trato de igualdad.

Unos y otros presionaron para que el cura
se marchara de la India.
En las calles se veían pintadas que decían: «¡Vete, Ferrer!».
Entonces, Vicente recibió una notificación oficial.

—¿Qué te pasa? —le preguntó un amigo
al verlo tan preocupado.

—El Gobierno me expulsa del país —respondió Vicente.

La noticia fue un golpe muy duro.
Pero, entonces, ¡pasó algo extraordinario!

«La pobreza no hay que
entenderla, hay que
solucionarla».

Vicente Ferrer

Cuando supieron que el Gobierno
quería expulsar a Vicente,
miles y miles de campesinos e intocables
se unieron para protestar.
¡No permitirían que echaran a Vicente!

Se organizaron en grupos
y fueron andando hasta Bombay.
Allí, las manifestaciones reunieron a tanta gente
¡que las calles se colapsaron!

Los medios de comunicación se hicieron eco de la protesta.
Y diferentes personas de prestigio de todo el mundo
crearon un Comité de Defensa del padre Ferrer.

El revuelo fue tan grande que tuvo que intervenir
la primera ministra del país, Indira Gandhi.
Lo hizo a través de un telegrama que decía:

«El padre Ferrer se tomará
unas breves vacaciones en el extranjero
y será bienvenido cuando vuelva a la India».

Así pues, Vicente tenía que irse, pero ¡podría volver!

«La obediencia ciega,
la obediencia que no se
cuestiona, puede ser útil para
algunos, pero no para mí».

Vicente Ferrer

El Premio Nobel de la Paz

Alfred Nobel fue un industrial
e inventor sueco. En su
testamento propuso la
celebración de los premios
Nobel. Estos premios
reconocen la tarea de las
personas que trabajan por
el bien de la humanidad. Son
unos premios internacionales
muy importantes. Uno de ellos
es el Premio Nobel de la Paz.
En 1968 se reunieron más de
25 mil firmas para proponer
a Vicente Ferrer como
candidato.

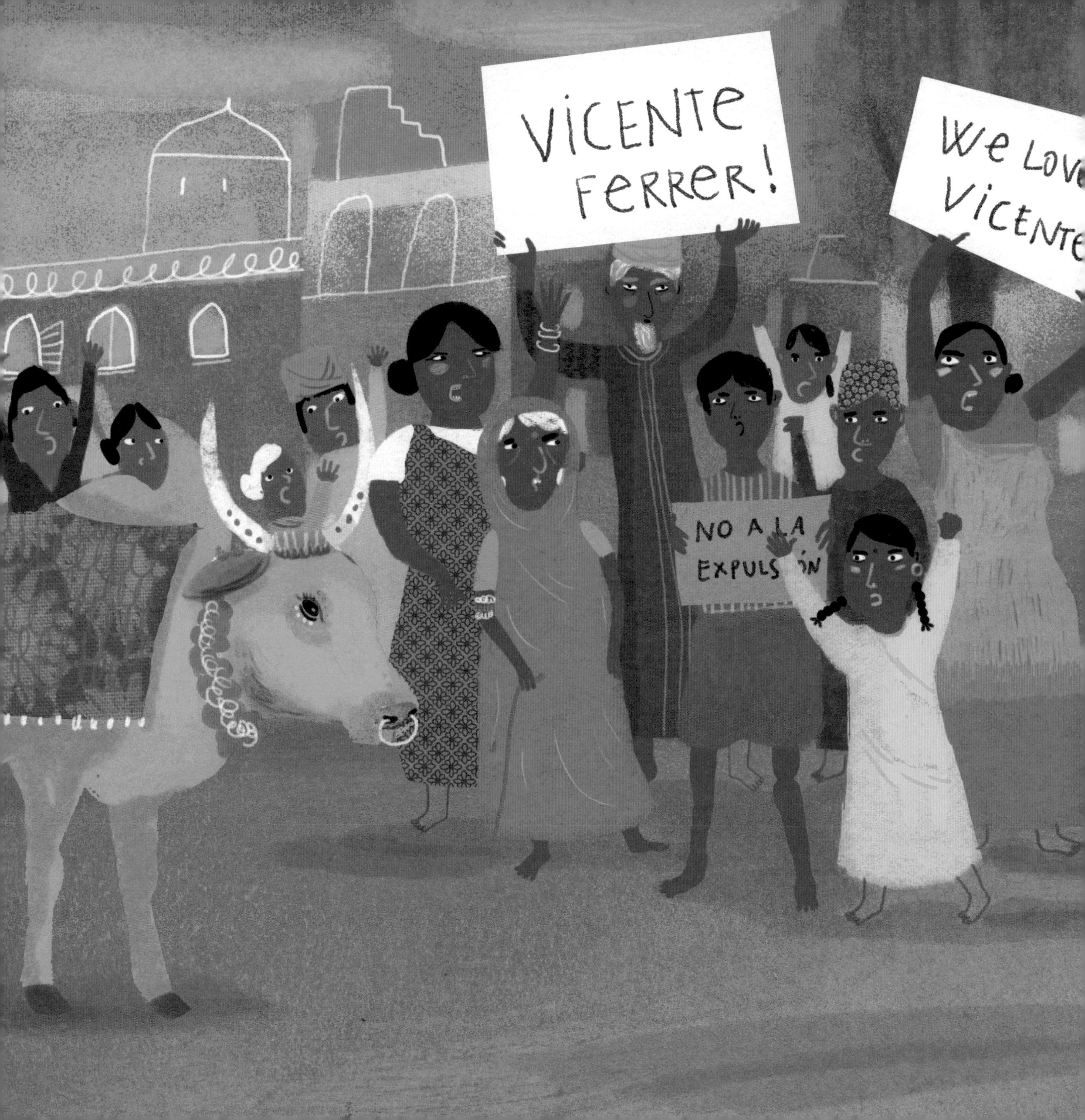
VICENTE FERRER!
We LOVE VICENTE
NO A LA EXPULSIÓN

Vicente volvió a España y aprovechó el tiempo
para recaudar fondos para su proyecto.
De nuevo en la India, se dio cuenta de que no era
tan bienvenido como la primera ministra había anunciado.
De hecho, sólo un Estado, uno de los más pobres del país,
se atrevió a acogerlo.

En aquel momento, Vicente sólo tenía 6 voluntarios.
Uno de ellos era Anna Perry, una periodista
que se había sumado al proyecto mientras informaba sobre
las manifestaciones a favor de Ferrer.
Juntos viajaron hasta Anantapur,
la zona más pobre y desértica del Estado.

Allí, una ONG les dejó una casa.
Era una casa vieja, sin muebles y sin lavabo.
Y es que ¡no tenía cemento ni baldosas en el suelo!
Sólo había una mesa con una máquina de escribir.

Vicente miró a su alrededor y suspiró.
Entonces vio un papel colgado en la pared.
Cuando se acercó, leyó: «Espera un milagro».
Vicente se aguantó la risa.
¡Aquello parecía un mensaje del cielo!

«Más que esperar al milagro —dijo—,
¡haremos lo posible para provocarlo!».

«Si unimos nuestras manos,
transformaremos este
mundo».

Vicente Ferrer

Las ONG

Las organizaciones no
gubernamentales (ONG)
suelen apoyar causas
sociales o políticas
relacionadas, sobre todo, con
colectivos desfavorecidos
y la protección del medio
ambiente. No tienen como
objetivo enriquecerse ni han
sido creadas por un gobierno.

Aunque Vicente tenía que empezar otra vez el proyecto,
no se desanimó.

Gracias a la ayuda de amigos y voluntarios,
y al apoyo de las donaciones,
consiguió fundar una organización social y ecologista.

Con el apoyo de la organización
construyó hospitales, escuelas y casas para los intocables.
También cavó pozos para poder cultivar la tierra
e inició campañas de vacunación y de educación.

¡La esperanza de vida de la gente pasó
de los 50 a los 75 años!
¿Te imaginas qué supone esto?

Además, puso en marcha un banco de crédito
que permitió a las mujeres abrir sus propios negocios.
¡Toda una revolución!

Un año más tarde, Vicente dejó la orden de los jesuitas,
se casó con Anna Perry y tuvo tres hijos.
También creó una fundación
que permite apadrinar a niños pobres.

El apadrinamiento de un niño o de una niña
consiste en dar cada mes una pequeña cantidad de dinero
para que se invierta en su salud y educación,
y beneficie a todo su pueblo.

«Todos tenemos una fuerza en el corazón que nos empuja a ayudar».

Vicente Ferrer

Rural Development Trust (RDT)

En castellano significa Fondo de Desarrollo Rural, y es como se conoce a la Fundación Vicente Ferrer en la India desde 1969. Tiene como objetivo ofrecer apoyo y formación a las comunidades más vulnerables de los Estados de Andhra Pradesh y Telangana.

Si te dijera las cifras de lo que consiguió Vicente,
¡no las creerías!
Tampoco creerías todos los premios que le concedieron,
como el Premio Príncipe de Asturias de la Concordia.

Vicente Ferrer murió en la India en 2009.
Tenía 89 años.

El proyecto que puso en marcha
continúa en funcionamiento a través de la fundación
que lleva su nombre.
Una fundación dirigida por algunas
de las muchas personas a quienes ayudó.

Yo tuve la suerte de recibir la ayuda de Vicente.
Al principio no te lo he dicho, pero soy ciega de nacimiento.
Gracias a la tarea de Vicente he podido ir a la escuela
y hacer planes para el futuro.

Siguiendo su ejemplo,
cada día procuro hacer algo por los demás.

Había quien pensaba que Vicente estaba loco,
pero también quien creía que llevaba a Dios en el bolsillo.
Yo estoy de acuerdo con estos últimos.

«Mi trabajo consiste en lograr
sueños imposibles».
Vicente Ferrer

Fundación Vicente Ferrer
Es una ONG comprometida
con el desarrollo de las
zonas más pobres de la
India. Tiene en cuenta los
valores humanos y se basa
en la filosofía de la acción
de Vicente. Lleva a cabo un
programa de apadrinamiento
que tiene mucho de éxito.

EL MUNDO ESTÁ CAMBIANDO... Y TÚ PUEDES CAMBIAR EL MUNDO

La historia que acabas de leer
es la de una persona como tú.
Alguien que, desde muy joven,
se dio cuenta de que a su alrededor
había cosas que eran injustas,
que no funcionaban bien.
Pero sobre todo se dio cuenta
de que las personas
tienen el poder de cambiarlas.

Así que pensó en una solución,
buscó colaboradores y empezó.
Con esa decisión cambió su vida
y la de muchos otros que se encontraban
con las mismas dificultades.

Da igual la edad que tengas o de dónde seas.
El primer paso y el más importante
es detectar lo que no funciona.
Después sólo hay que tener imaginación
y ganas suficientes para encontrar
las soluciones que ayuden a mejorar
la vida de los demás.

Ojalá el cuento que acabas de leer
te ayude a dar el siguiente paso.
Si hay problemas o cosas en tu entorno
que podrían mejorarse,
déjate inspirar por Vicente Ferrer y actúa.

Ya verás lo fantástico que es descubrir
que puedes construir **un mundo mejor**.
Una vez lo pruebas, no hay marcha atrás.

Es como cuando aprendes a montar en bici.
Una sensación de libertad y felicidad,
algo que ya nunca se olvida. **¿Te animas?**